BEI GRIN MACHT SICH IHR WISSEN BEZAHLT

AF173331

- Wir veröffentlichen Ihre Hausarbeit, Bachelor- und Masterarbeit

- Ihr eigenes eBook und Buch - weltweit in allen wichtigen Shops

- Verdienen Sie an jedem Verkauf

Jetzt bei www.GRIN.com hochladen und kostenlos publizieren

Gerd Berner

Die 25 häufigsten Stilmittel von A bis Z

GRIN Verlag

Bibliografische Information der Deutschen Nationalbibliothek:

Die Deutsche Bibliothek verzeichnet diese Publikation in der Deutschen National-
bibliografie; detaillierte bibliografische Daten sind im Internet über http://dnb.d-
nb.de/ abrufbar.

Impressum:

Copyright © 2008 GRIN Verlag GmbH
Druck und Bindung: Books on Demand GmbH, Norderstedt Germany
ISBN: 978-3-656-56793-6

Dieses Buch bei GRIN:

http://www.grin.com/de/e-book/111891/die-25-haeufigsten-stilmittel-von-a-bis-z

GRIN - Your knowledge has value

Der GRIN Verlag publiziert seit 1998 wissenschaftliche Arbeiten von Studenten, Hochschullehrern und anderen Akademikern als eBook und gedrucktes Buch. Die Verlagswebsite www.grin.com ist die ideale Plattform zur Veröffentlichung von Hausarbeiten, Abschlussarbeiten, wissenschaftlichen Aufsätzen, Dissertationen und Fachbüchern.

Besuchen Sie uns im Internet:

http://www.grin.com/

http://www.facebook.com/grincom

http://www.twitter.com/grin_com

Die 25 häufigsten Stilmittel von A bis Z auf einen Blick mit Bezeichnung, Erklärung, Beispielen, Fundstellen und Verfasser

(Kurzfassung der ausführlichen, 95 rhetorische Figuren (Stilmittel) umfassenden Vollversion mit näheren Erläuterungen, z. B. zur Metapher oder zur uneigentlichen Sprache, von Gerd Berner, M.A., StD a. D., vom Riesener-Gymnasium Gladbeck)

1. **Alliteration:** von lat. littera: Buchstabe, gleicher konsonantischer   Anlaut in einer Wortfolge, im Gegensatz zum Mittel- und Endreim auch Anreim genannt
   * Lieb und Leid im leichten Leben / sich erheben, abwärts schweben,/ alles will das Herz umfangen,/ nur Verlangen, nie erlangen ... (Leben Clemens Brentano, Gedichte, hg. V. Hartwig Schultz, Reclam: Stuttgart 1995)
2. **Anadiplose:** von gr. anadíplosis: Verdoppelung, Wiederholung des letzten Wortes einer Zeile oder eines Satzes am Anfang der(s) folgenden
   * Ein Mann wohnt im Haus der spielt mit den Schlangen der schreibt/ Der schreibt wenn es dunkelt nach Deutschland dein goldenes Haar Margarethe/ Er schreibt es und tritt vor das Haus und es blitzen die Sterne er pfeift seine Rüden herbei/ Er pfeift seine Juden hervor lässt schaufeln ein Grab in der Erde ... (Todesfuge von Paul Celan, in: P.C., Mohn und Gedächtnis, DVA: Stuttgart 1953)
3. **Anakoluth:** von gr. an-akóluthos: nicht folgerichtig, eine Unfolge in der Satzführung, ein Herausfallen aus der Bauart des Satzanfanges
   *Doch sie .../ Sie schlägt, die Rüstung ihm vom Leibe reißend,/ Den Zahn schlägt sie in seine weiße Brust,/ Sie und die Hunde, die wetteifernden,/ ... den Zahn in seine rechte,/ In seine linke sie; als ich erschien,/ Troff Blut von Mund und Händen ihr herab. (Heinrich von Kleist, Penthesilea. Ein Trauerspiel, XXIII. Auftritt)
4. **Anapher:** von gr. anáphora: Wiederholung, Wiederholung des Anfangswortes in aufeinander folgenden Zeilen oder Sätzen
   * So lag er da, er, der Dichter der Aeneis, er, Publius Vergilius Maro, er lag da mit herabgemindertem Bewusstsein, beinahe beschämt ob seiner Hilflosigkeit, ... und er starrte in das perlmutternde Rund der Himmelsschale: warum nur hatte er dem Drängen des Augustus nachgegeben? Warum nur hatte er Athen verlassen? (Hermann Broch, Der Tod des Vergil. Roman, suhrkamp: Frankfurt/ M. 1995)
   * Bald hörten wir vom Abfall unsrer Priester,/ Der Morabiten und der Alfaquis -/ ... Bald hörten wir, dass auch der große Zegri,/ In feiger Todesangst, das Kreuz umklammert;/ ... Wir hörten, dass der furchtbare Ximenes,/ Inmitten auf dem Markte, zu Granada -/ Mir starrt die Zung im Munde - den Koran/ In eines Scheiterhaufens Flamme warf!/ ... Das war ein Vorspiel nur, dort wo man Bücher/ Verbrennt, verbrennt man auch am Ende Menschen. (Heinrich Heine, Almansor. Eine Tragödie, 1821)
5. **Antiklimax:** von gr. anti: gegen, und klimax: Leiter, Treppe, Gradation (Stufenfolge) nach unten
   * in dem Roman „Abu Telfan" ist Leonard Hagebucher nach zwölfjähriger Gefangenschaft aus dem afrikanischen Tumurkieland in sein Heimatdorf zurückgekehrt: ... er war fremd geworden in der Zivilisation, in Europa, in Deutschland, in Nippenburg und Bumsdorf. (Wilhelm Raabe)
6. **Antithese:** von gr. anti: gegen, und títhesis: Gegensetzung, Zusammenstellung entgegengesetzter Begriffe
   * Es gibt zwei Sorten von Ratten:/ Die hungrigen und die satten./ Die satten bleiben vergnügt zu Haus,/ Die hungrigen aber wandern aus.// ... Gar manche ersäuft oder bricht das Genick,/ Die lebenden lassen die toten zurück. (Heinrich Heine, Die Wanderratten)
7. **Aposiopese:** von gr. aposiópesis: Verstummen, Verschweigen des Wichtigen unter affektbetontem Abbruch der Rede mitten im Satz
   * Diomedes: Du willst -? Nein, sprich! Du willst -? Achill: – Was also will ich?/ Was ist's, dass ich so Ungeheures will?/ Diomedes: Du hast sie in die Schranken bloß gefordert,/ Um ihr -? (Heinrich von Kleist, Penthesilea. Ein Trauerspiel, XXI. Auftritt)

8. **Apostrophe:** von gr. apóstrophe: Abwendung, ein sich Abkehren von der Wirklichkeit und hinwendende Anrufung visionärer Gestalten oder Abwesender, als seien sie anwesend, i.w.S. auch jede feierliche Anrufung

* O, du Ausgeburt der Hölle!/ Soll das ganze Haus ersaufen?/ Seh ich über jede Schwelle/ Doch schon Wasserströme laufen./ Ein verruchter Besen,/ Der nicht hören will!/ Stock, der du gewesen,/ Steh doch wieder still! (Johann Wolfgang Goethe, Der Zauberlehrling)

9. **Assonanz:** Von lat. sonare: ertönen, schallen, klingen, vokalischer Gleichklang in verschiedenen, i.e.S. nur in betonten Silben, auch vokalischer Halbreim genannt

* Gelassen stieg die Nacht ans Land,/ Lehnt träumend an der Berge Wand,/ Ihr Auge sieht die goldne Waage nun/ Der Zeit in gleichen Schalen stille ruhn;/ Und kecker rauschen die Quellen hervor,/ Sie singen der Mutter, der Nacht, ins Ohr/ Vom Tage,/ Vom heute gewesenen Tage. (Eduard Mörike, Um Mitternacht)

10. **Asyndeton:** von gr. syndéo: zusammenbinden, Aneinanderreihung gleichgeordneter Satzglieder ohne Bindewort, entsprechend: **Polysyndeton:** Aneinanderreihung gleichgeordneter Wörter, Sätze oder Satzteile durch dieselbe Konjunktion

* asyndetisch: So standen sie nun und sahen sich an. Beide mit einer zu kurzen Zunge, beide mit demselben Fehler. Aber jeder mit einem völlig anderen Schicksal. Klein, verbittert, verarbeitet, zerfahren, fahrig, farblos, verängstigt, unterdrückt: der Kellner. Der kleine Kellner. Ein richtiger Kellner: Verdrossen, stereotyp höflich, geruchlos, ohne Gesicht, nummeriert, verwaschen und trotzdem leicht schmuddelig. (Wolfgang Borchert, Schischyphusch oder Der Kellner meines Onkels)

* polysyndetisch: Das gellende Lachen verstummte zumal;/ Es wurde leichenstill im Saal.// Und sieh! Und sieh! An weißer Wand/ Da kam's hervor, wie Menschenhand,// Und schrieb und schrieb an weißer Wand/ Buchstaben von Feuer und schrieb und schwand. (Heinrich Heine, Belsazar)

11. **Epipher:** gr. epíphora: Hinzufügung, Umkehr der Anapher, Wiederholung eines oder mehrerer Wörter am Satz- oder Zeilenende

* Das war in Buckow zur Süßkirschenzeit./ Die Bäume stehn an der Chaussee./ Das war in Buckow zur Süßkirschenzeit./ Die Bäume gehörn der LPG./ Die hat an jeden ein Zettel gemacht:/ DAS VOLKSEIGENTUM WIRD STRENG BEWACHT!/ In der Nacht, in der Nacht/ und besonders in der Nacht. (Wolf Biermann, Die Ballade von der Buckower Süßkirschenzeit)

12. **Euphemismus:** von gr. eu+phemízo: Glück verheißende Worte sprechen, Unangenehmes mit angenehmen Worten sagen, eine beschönigende Bezeichnung

* Friedrich Engels beginnt 1883 seine Rede am Grab von Karl Marx so: Am 14. März, nachmittags ein Viertel vor drei, hat der größte lebende Denker aufgehört zu denken. Kaum zwei Minuten alleingelassen, fanden wir ihn beim Eintreten in seinem Sessel ruhig entschlummert – aber für immer. (Karl Marx/ Friedrich Engels, Ausgewählte Schriften in zwei Bänden, Bd. 2, Dietz: Berlin 1970)

13. **Gemination:** von lat. gemino: verdoppeln, wiederholen, Wiederholung eines Wortes oder einer Wortgruppe am Satz- oder Zeilenanfang nacheinander oder nach Zwischenschaltung eines Wortes, die Bezeichnung wird nahezu synonym verwendet mit: Epanalepse, Kyklos und Symploke; statt Gemination kann man auch: Repetitio sagen, beide Bezeichnungen umfassen als Oberbegriff die einzelnen Erscheinungsformen der Wiederholung

* Hoch in die Lüfte erhebt sich der Eichwald, hoch über den Eichwald schwingt sich der Adler, hoch über dem Adler ziehen die Wolken, hoch über den Wolken blitzen die Sterne – Madame, wird Ihnen das nicht zu hoch? Eh bien -, hoch über den Sternen schweben die Engel, hoch über den Engeln ragt – nein, Madame, höher kann es meine Narrheit nicht bringen. (Heinrich Heine, Werke in vier Bänden, Birkhäuser: Basel und Stuttgart 1956)

14. **Hyperbel:** von gr. hyperbóle: Übermaß, Über- oder Untertreibung

* Das halbe Fürstentum Bückeburg/ Blieb mir an den Stiefeln kleben;/ So lehmige Wege habe ich wohl/ Noch nie gesehen im Leben. (Heinrich Heine, Wintermärchen, XIX. Kapitel)

15. **Inversion:** von lat. inversio: Umdrehung, Umkehrung: vom normalen grammatischen Satzbau abweichende Umstellung von Satzgliedern, so dass sie durch die stilistische Anfangs-, Mittel- oder Endstellung akzentuiert und bis zu einem gewissen Grade emotionalisiert werden; Inversion wird gleichbedeutend gebraucht mit den Bezeichnungen Anastrophe und Hyperbaton

* Und als die Zeit erfüllet/ des alten Helden war,/ lag einst, schlicht eingehüllet,/ Hans Zieten, der Husar./ Wie selber er genommen/ die Feinde stets im Husch,/ so war der Tod gekommen -/ wie Zieten aus dem Busch. (Theodor Fontane, Der alte Zieten)

16. **Ironie:** von gr. eironéia: Verstellung, Spott; erheuchelte Unwissenheit, Verstellung; das Gegenteil des Gesagten ist gemeint, Ironie ist kontextabhängig oder entsteht aus dem Widerspruch zu Person und Situation des sie Verwendenden, die Methode des Ironisierens hat immer einen gewissen intellektuellen Anspruch: der Hörer oder Leser sollte mental in der Lage sein, den gegenteiligen Aussagesinn zu erkennen wie den des Kammerdieners in „Kabale und Liebe", der sagt, als Lady Milford fragt, ob unter den siebentausend nach Amerika verbrachten Landeskindern auch gezwungene seien: O Gott! – nein – lauter Freiwillige. Es traten wohl so etliche vorlaute Bursch' vor die Front heraus und fragten den Obersten, wie teuer das Joch Menschen verkaufe? – Aber unser gnädigster Landesherr ließ alle Regimenter auf dem Paradeplatz aufmarschieren und die Maulaffen niederschießen. Wir hörten die Büchsen knallen, sahen ihr Gehirn auf das Pflaster spritzen, und die ganze Armee schrie: ‚Juchhe! Nach Amerika!' (Friedrich Schiller, Kabale und Liebe)

17. **Metapher:** von gr. metaphóra: Übertragung, eine Figur bildhaften Sprechens: die Verwendung eines Wortes nicht im eigentlichen (lexikalischen), sondern im (uneigentlichen) übertragenen Sinn, die beste Definition hat Heinrich Weinrich gegeben: „Eine Metapher ist ein Wort in einem Kontext, durch den es so definiert wird, dass es etwas anderes meint, als es bedeutet." (Harald Weinrich, Semantik der kühnen Metapher, in: DVLG 37, 1963, S. 325 ff.)

Schwarze Milch der Frühe wir trinken sie abends

Wir trinken sie mittags und morgens wir trinken sie nachts

Wir trinken und trinken

der Anfang der „Todesfuge" von Paul Celan beginnt mit einer drei-gliedrigen Metapher schon in der

ersten Zeile. Rolf Hochhuth hat von diesem Gedicht gesagt, Celan habe die Vergasung der Juden hier völlig in Metaphern übersetzt. Die erste Metapher lautet „schwarze Milch", die zweite ist die „Milch der Frühe", und „wir trinken … schwarze Milch" die dritte. So einfach erkennt man Metaphern …

Noch eine?

Der Tisch aus Stundenholz, mit

Dem Reisgericht und dem Wein.

Es wird

Geschwiegen, gegessen, getrunken.

Eine Hand, die ich küsste,

leuchtet den Mündern.

Dieses kurze Gedicht „Eine Hand" aus der Anthologie „Sprachgitter" von Paul Celan enthält zwei Metaphern. In Z. 1 steht die eine: „der Tisch aus Stun-denholz", in Z. 5/6 findet sich die zwei-te: „eine Hand … leuchtet den Mün-dern".

Wer jetzt aufschreit, der tröste sich mit der Tagebuchnotiz von Franz Kafka: „Ich wärme mich daran in diesem traurigen Winter. Die Metaphern sind eines von dem vielen, was mich am Schreiben verzweifeln lässt." (Max Brod)

18. **Metonymie:** von gr. metonymía: Umbenennung, ein gebräuchliches Wort wird durch ein anderes ersetzt, das zu ihm in enger Beziehung steht (Begriffssubstitution), eng verwandt und synonym gebraucht mit der Bezeichnung: Synekdoche (pars pro toto bzw. totum pro parte)
* Caesar hält vor seiner Ermordung eine Rede im Senat, in der er auf das Leben der römischen Bevölkerung eingeht: Caesar beschreibt es. Steinerne Gesichter (pars pro toto: statt die Senatoren) nehmen die furchtbare Beschreibung der Not des gemeinen römischen Bürgers entgegen. (Bertolt Brecht, Caesar und sein Legionär. Erzählung)

19. Oxymoron: von gr. oxýs und móros: scharf und dumm: Verbindung zweier sich ausschließender logischer Begriffe in einem Kompositum oder als contradictio in adiecto (Widerspruch im Beiwort)
   * Nur wenige Politiker können so laut schweigen wie Friedrich Merz. ... Die meiste Zeit wird Merz zu Merkels Reformpolitik schweigen. Und zwar unüberhörbar laut. (Die Zeit Nr. 18, 2008)

20. Parallelismus: Wiederholung derselben syntaktischen Konstruktion in mindestens zwei aufeinander folgenden Satzgliedern (gr. Isokolon) oder in dreien (gr. Trikolon), oft mit einer Steigerung der wachsenden Glieder verbunden
   * Ich denke dein, wenn mir der Sonne Schimmer/ Vom Meere strahlt;/ Ich denke dein, wenn sich des Mondes Flimmer/ in Quellen malt.// Ich sehe dich, wenn auf dem fernen Wege/ der Staub sich hebt;/ In tiefer Nacht, wenn auf dem schmalen Stege/ Der Wandrer bebt.// Ich höre dich, wenn dort mit dumpfem Rauschen/ Die Welle steigt./ Im stillen Haine geh' ich oft zu lauschen,/ Wenn alles schweigt.// Ich bin bei dir, Du seist auch noch so ferne,/ Du bist mir nah!/ Die Sonne sinkt, bald leuchten mir die Sterne./ O wärst du da! (Johann Wolfgang Goethe, Nähe des Geliebten)

21. Parenthese: gr., Einfügen, Einschub eines satzwertigen (grammatisch vollständigen) Satzes in einen anderen Satz, ohne dessen syntaktische Ordnung zu verändern, durch Gedankenstriche oder Klammern gekennzeichnet
   * in der „Harzreise" gesteht Heine: Ich kann viel vertragen – die Bescheidenheit erlaubt mir nicht, die Bouteillenzahl zu nennen – und ziemlich gut konditioniert gelangte ich nach meinem Schlafzimmer.   (Heinrich Heine)

22. Personifikation: von lat. persona: Rolle, Persönlichkeit, vermenschlichende Belebung von Naturerscheinungen, Gegenständen oder Abstrakta, auch: Anthropomorphisierung genannt
   * Als jüngst die Nacht dem sonnenmüden Land/ Der Dämmrung leise Boten hat gesandt,/ Da lag ich einsam noch in Waldes Moose./ Die dunklen Zweige nickten so vertraut,/ An meiner Wange flüsterte das Kraut,/ Unsichtbar duftete die Heiderose. (Annette von Droste-Hülshoff, Im Moose)

23. Rhetorische Frage: von gr. erótesis, lat. interrogatio, eine Scheinfrage, die keine Antwort erheischt und oft auch den Angesprochenen zu einer Zustimmung bewegen soll, sie ist dann eine nachdrückliche Behauptung
   * Was wollen Sie von mir, Herr Gumpel? – versetzte Hyazinth, nicht ohne Anflug von Hitze – Was kann ich dafür, dass Lady Maxfield just heute nacht abreisen will und Sie just heute invitiert? Konnt' ich das vorauswissen? Bin ich Aristoteles? Bin ich bei der Vorsehung angestellt? (Heinrich Heine, Reisebilder: Italien. Die Bäder von Lucca)

24. Synästhesie: gr. synaísthesis: Mitempfinden, das Ausdrücken einer Sinnesempfindung, die aus der Verschmelzung verschiedener nicht kompatibler Reize auf e i n Sinnesorgan hervorgeht, also hauptsächlich die Wahrnehmung eines Seh-Reizes bei einer Hörreizeinwirkung
   * Die Lehrerin hatte eine Brille mit dicken Gläsern. Die hatten keinen Rand. Sie waren so dick, dass die Augen ganz leise aussahen. (Wolfgang Borchert, An diesem Dienstag)
   * Nun treibt die Stadt schon nicht mehr wie ein Köder,/ Der alle aufgetauchten Tage fängt./ Die gläsernen Paläste klingen spröder/ An deinen Blick. ... (Rainer Maria Rilke, Spätherbst in Venedig)

25. Zeugma: von gr. zeugýno: zusammenspannen, die Verbindung zweier Nomina durch ein Verb, das, da doppelsinnig, eigentlich nur zu einem passt
   * Auch genoss mein Vater ... eine Popularität, die gewiss ebenso groß war wie die Begeisterung, womit die alte Garde den Kaiser Napoleon umjubelte. Dieser freilich verstand seine Leute in anderer Weise zu berauschen. Den Garden meines Vaters fehlte es nicht an einer gewissen Tapferkeit, zumal wo es galt, eine Batterie von Weinflaschen, deren Schlünde vom größten Kaliber, zu erstürmen. Aber ihr Heldenmut war doch von einer anderen Sorte, als die, welche wir bei der alten Kaisergarde fanden. Letztere starb und übergab sich nicht, während die Gardisten meines Vaters immer am Leben blieben und sich oft übergaben. (Heinrich Heine, Memoiren)